U0875280

“四好农村路”之柯桥实践

中共绍兴市柯桥区委
绍兴市柯桥区人民政府 组织编写

人民交通出版社股份有限公司
China Communications Press Co.,Ltd.

内 容 提 要

“四好农村路”是中共中央总书记习近平于2014年3月提出的。2017年12月，习近平又对“四好农村路”建设作出重要指示。他强调，近年来，“四好农村路”建设取得了实实在在的成效，为农村特别是贫困地区带去了人气、财气，也为党在基层凝聚了民心。

2017年，绍兴市柯桥区被评选为首批“四好农村路”全国示范县。本书梳理总结了绍兴市柯桥区在“四好农村路”建设中的经验做法及取得的成效，可供各地参考借鉴。

图书在版编目（CIP）数据

“四好农村路”之柯桥实践 / 中共绍兴市柯桥区委，绍兴市柯桥区人民政府组织编写 . — 北京 : 人民交通出版社股份有限公司，2018.8

ISBN 978-7-114-14916-0

Ⅰ. ①四…　Ⅱ. ①中…　②绍…　Ⅲ. ①农村道路—道路建设—研究—柯桥区　Ⅳ. ① F542.855.4

中国版本图书馆 CIP 数据核字（2018）第 169511 号

书　　名：“四好农村路”之柯桥实践
著 作 者：中共绍兴市柯桥区委　绍兴市柯桥区人民政府
责任编辑：王　丹
责任校对：刘　芹
责任印制：张　凯
出版发行：人民交通出版社股份有限公司
地　　址：（100011）北京市朝阳区安定门外外馆斜街3号
网　　址：http://www.ccpress.com.cn
销售电话：（010）59757973
总 经 销：人民交通出版社股份有限公司发行部
经　　销：各地新华书店
印　　刷：中国电影出版社印刷厂
开　　本：787×1092　1/16
印　　张：5.25
字　　数：90千
版　　次：2018年8月　第1版
印　　次：2018年8月　第1次印刷
书　　号：ISBN 978-7-114-14916-0
定　　价：48.00元

"四好农村路"

序言

Introduction

绍兴市柯桥区位于浙江省中北部，是绍兴大城市建设的新高地，也是沪杭都市圈和杭州宁波一体化发展中的重要节点。柯桥区面积1066平方公里，下辖16个镇街，常住居民130.8万人，其中户籍居民占到一半。2017年实现地区生产总值1351.1亿元，同比增长7.1%；财政总收入181亿元，同比增长9.5%，其中一般公共预算收入114.1亿元，同比增长8.6%；综合实力位居全国百强区第13位，连续多年被评为"中国全面小康十大示范区"。

党的十八大以来，我们越来越深刻地认识到，建好用好农村公路，既是落实中央乡村振兴战略的关键一招，更是贯彻习近平总书记"绿水青山就是金山银山"生态发展理念的重要之举。建好用好农村公路，对于优化城乡生态环境、加快城乡一体发展、实现城乡普惠繁荣，实现经济社会的高质量发展，起到了非常重要的推动作用。

柯桥区率先走出了一条农村公路蝶变之路。我们在2004年提前实现村村通公路的基础上，2012年又在浙江省内率先启动了县乡公路升级改造工程，实施了"四圈一环"美丽乡村公路建设计划。2015年，我们再次在省内率先开展美丽乡村公路示范乡镇创建活动，全力建好"四好农村路"，积极创建"美丽经济交通走廊"。

通过几年的坚持，我们不仅探索制定了全省首个县乡公路标准化建设实施指南，更是按照“交通道路的设计、城市道路的配套”这样的高标准，投入财政资金26亿元，改造提升了农村道路76条，长度达到400公里，特别是建成了钱茅线、双棠公路、平王线等一批精品示范农村路。目前，全区道路的优良率提高至80%，公路总里程达到了1439公里，其中农村公路里程1315公里，农村公路密度达到了136公里/百平方公里。2017年，柯桥区被授予全国首批“四好农村路”示范县。

在高质量建好农村路的同时，我们还积极落实了农村路的高水平管养。一方面，投入养护资金近8亿元，持续开展了“四边三化”“两路两侧”大整治，通过拆违章、种树木、改立面、装路灯、砌围墙、做小品、治污水、理管线、保整洁，进一步提升了主要县道、乡道沿线环境；另一方面，积极创新养护管理机制，探索实施了全区所有县道、乡道的网格化管理机制，落实了“路长制”“路段长制”和“一路一牌制”，做到了全区范围内有路必管、管必到位。

“四好农村路”修的是路，改变的是农村面貌，联系的是基层民心。“四好农村路”有力带动了柯桥区农业农村的进一步繁荣发展。我们沿着“四圈一环”美丽乡村公路，正在精心打造20个以上的3A级景区化建设示范村、200个以上的五星达标村，以及会稽诗路、山阴兰桂、钱杨印象、鉴湖渔歌四条示范带。同时，进一步整合沿线资源，以路串景，统筹发展乡村旅游、民宿度假、养生养老等美丽经济。我们搭建了“供销·淘实惠”农村电商综合服务平台，把408个村级物流网点串起来，让漓渚兰花、稽东香榧、平水茶叶、王坛青梅等600余种特色农产品走出去。仅2017年，我区农产品线上订单数超过30万笔，销售额实现1.5亿元，同比翻了一倍。我们建成了全国一流的城乡公交，率先完成村村高水平通公交，实现了镇街公交站场、公交移动支付、农村主线公交新能源车三个全覆盖，城乡客运一体化和公交服务均等化水平达到5A标准。现在，我们柯桥的广大乡村群众，已经越来越感受到了“四好农村路”建设带来的好处，群众的获得感、幸福感不断提升。

幸福都是奋斗出来的。今后，我们仍将坚定不移地高举习近平新时代中国特色社会主义思想伟大旗帜，沿着浙江省委“八八战略”指引的路子，围绕把柯桥建成“绍兴大城市建设的排头兵，接轨沪杭都市圈的桥头堡”的战略定位，进一步加大投入、创新机制、强化管理，努力把农村公路建好、管好、护好、运营好，确保在2018年成功创建成为浙江省“美丽经济交通走廊示范区”，实现美丽公路的全域化，真正把一条条乡村公路都建成平安放心路、特色致富路、幸福小康路，让柯桥区在“两个高水平”建设的康庄大道上奋力前进、勇立潮头。

中共绍兴市柯桥区委副书记

绍兴市柯桥区人民政府区长

2018年6月

"四好农村路"

委员会
Committee

编写委员会

主　　任： 周永江

副 主 任： 陈耀东　袁国强　陈伟军　孙正江

成　　员： 王建清　喻锦林　鲁兴华　叶剑锋　吴国锋
封颖飞　徐建荣　陈立明　宋新刚　娄岳钧

审定委员会

主　　任： 马建刚

副 主 任： 王斌彬　沈宏明　章铁民　沈　宏

成　　员： 陈　祥　黄晓祥　鲁　宁　邵志凤

"四好农村路"

目录

Contents

柯桥区"四好农村路"的探索和创新 …… 01

建设"四好农村路" 助力产业升级 …… 06

"四好农村路"助推乡村振兴 …… 08

以"四好农村路"为推手深山变金山 …… 10

附件 A 柯桥区关于进一步推进"四好农村路"建设的实施意见 …… 37

附件 B 柯桥区创建美丽经济交通走廊示范区实施方案 …… 42

附件 C 柯桥区"美丽乡村公路示范乡镇"创建的实施意见 …… 47

附件 D 柯桥区县乡公路标准化建设实施指南 …… 52

附件 E 柯桥区进一步加强公路车辆超限超载治理工作的意见 …… 63

附件 F 柯桥区开展城乡环境整治提升专项行动的实施意见 …… 66

附件 G 柯桥区关于加快推进公交事业优先发展的意见 …… 70

柯桥区“四好农村路”的探索和创新

近年来，柯桥区围绕“四好农村路”建设工作目标，以农村公路提升改造为抓手，扎实推进美丽乡村公路建设，致力打造“村村景”“路路美”的农村公路“升级版”，形成了以路域环境综合整治为突破口的“柯桥经验”。2016年6月，交通运输部“四好农村路”督导组对“柯桥经验”给予了充分肯定，认为柯桥区“四好农村路”建设“起步早、力度大、措施实、典型多、理念新、效果好”。目前，全区农村公路路况和服务水平不断提升，农村整体面貌焕然一新，农村经济社会发展活力得到充分激发。按照交通运输部全国“四好农村路”示范县创建要求，柯桥区重点对七个方面要求进行了逐项自查，具体情况为：

一、坚持规划引领，农村公路发展基础较好

按照《关于进一步推进"四好农村路"建设的实施意见》(浙交〔2016〕221号)及《关于印发浙江省"四好农村路"示范县评价办法(试行)的通知》(浙交〔2017〕32号)等文件要求，柯桥区对照考核标准，逐项自评，总得分95分。通过县级申报、市级初审、省级评选、社会公示等各项工作步骤，柯桥区于2017年5月获评浙江省第一批"四好农村路"示范县(浙交〔2017〕75号)，并被推荐申报"四好农村路"全国示范县。自2012年起，柯桥区已先后编制实施第一轮(2012—2014年)县乡公路升级改造、第二轮(2015—2017年)县乡公路升级改造、"四圈一环"美丽乡村公路(2015—2017年)、"等外路"和"差等路"提升改造(2017—2019年)等四个建设计划。2012—2016年，累计改造完成农村公路49条、285公里，道路优良率大幅提高。2017年推进15条、62.732公里美丽乡村公路建设，对30公里"等外路"和70公里"差等路"实施提升改造，并计划通过三年时间努力，消灭全部"差等路"和"等外路"。

二、坚持民生导向，群众获得感大大增强

柯桥区连续九年将农村公路改造和公交提升发展列入政府民生实事工程。早在2004年，柯桥区已实现了乡村康庄工程"等级公路通村率100%、通村公路硬化率100%"的"双百"目标，并按照"路通、客车到"的原则，于2004年实现了"村村通公交"，公交发展走在了全省前列，城乡道路客运一体化发展达到5A级水平。目前，全区公交线路总里程1856公里，其中农村公路公交线路里程1336公里，占比达72%，率先实现了行政村(村委或活动中心500米范围内有公交站点)"村村通公交"。此外，依托美丽乡村建设和"美丽公路+"资源，助推乡村经济蓬勃发展。通过探索搭建"供销·淘实惠"农村电商综合服务平台，全区已建立村级网点511个，实现行政村(社区)电商全覆盖，村级网点店主月利润比平台建成前增长2000~5000元，"供销·淘实惠"成为全国市场体系建设经典案例。

三、坚持“共管共养”，建设管理体制顺畅

区政府成立柯桥区“四好农村路”建设工作领导小组，由区长任组长，并专门出台《关于进一步推进“四好农村路”建设的实施意见》（绍柯政办发〔2017〕50号），加强农村公路工作管理，强化统筹协调能力。柯桥区实行“政府主导、部门指导、镇街负责、村居配合”的农村公路“共管共养共享”管养机制，县、乡级农村公路管理站设置达100%，15个镇农村公路管理站中已有9个通过省级规范化验收，切实做到“有路必管、管必到位”。对农村公路建设工作，实行“牵头领导＋部门平台＋沿线镇街”三位一体的工作机制，区、镇两级联动抓好农村公路建设各项工作。同时，对全区37条县道及以上道路全面实行“路长制”“路段长制”和“一路一牌制”管理，就公路管养难点问题及时进行统筹协调、监督反馈、问题整改、跟踪落实。

四、坚持保障投入，建管养运长效机制健全

柯桥区将农村公路工作纳入区委区政府对各镇（街道）、部门的年度岗位责任制考核，实行奖优罚劣。区财政在农村公路日常管理养护及大中修上，每年投入3000万元实施小交通及病危桥改造项目，投入3600万元实施公路日常养护，资金全部纳入财政公共预算；在投入2.6亿元实施公路通道绿化后，每年还专项设置公路绿化管养经费800万元，充分保障后续管养经费投入。同时，持续加大对农村公路建设资金投入，从2012年起连续六年每年投入1亿元实施县乡公路升级改造，从2017年起每年投入1亿元实施“等外路”和“差等路”提升改造。在县乡公路升级改造和“四圈一环”美丽乡村公路建设上，已累计投入14.85亿元，全部纳入政府性投资建设计划并逐年增加，2017年达6亿元。在公交提升发展上，自2014年全面完成国有化改革以来，区政府先后出台了《关于加快推进公交事业优先发展的意见》《柯桥区公共交通三年提升计划（2015—2017）》《政府购买公交服务实施办法（试行）》等政策意见，近三年内累计投入公交基础设施建设、智能化调度系统、新能源公交车发展资金达8.8亿元。

五、坚持督查考核，基本实现有路必养、养必到位

成立区农村公路养护与管理工作领导小组，组织人员每季度对所有农村公路管养情况进行检查、考核、通报，年度考核结果与日常养护经费相挂钩，列养率达 100%。2015 年，率先在全省开展美丽乡村公路示范乡镇（街道）创建考核，进一步加强了对乡村公路的管养。探索实施政府购买公共服务，全面推行公路保洁和绿化养护市场化机制，提高了道路管养标准和效率。2013 年，率先在全省开展农村公路技术状况自动化快速设备检测评定。2016 年组织对 28 条县道及 6 个镇街的全部乡村公路进行了自动化检测，检测里程共 753 公里，并根据检测结果有针对性地开展了养护维修。截至目前，全区优良中等路比例达到 92.3%，路面技术状况指数逐年上升。2016 年，县道钱茅线成功创建为省级精品示范道路，县道福漓线和村道双棠公路为市级精品示范道路，省道绍大线、县道柯海线荣获“浙江最美绿化通道”荣誉，其中绍大线被评为“浙江十大最美绿化国省道”。

六、坚持规范标准，质量安全基础牢固

按照浙江省创建美丽公路“五个一万”的要求，制定出台全省首个县区级《柯桥区县乡公路标准化建设实施指南》（2015 年版）。按照“因地制宜、崇尚自然、显山露水、融景入路，体现自然风貌、地域特色”的理念，充分利用现状道路资源，切实优化道路改造规划设计，对县乡公路路基、路面、交安设施及公交候车厅、路灯等附属工程实行“同步设计、同步实施、同步验收”的标准化改造。践行“工匠精神”，实行“施工样板制”和“首件工作制”，新改建农村公路一次交工验收合格率达 100%。全区县乡村道安保工程已全部完成，四、五类公路桥梁已全部消灭，并委托第三方专业检测单位对全区农村公路桥梁开展定期检查，新发现病危桥确保当年处置，未发生重大等级以上安全生产事故或较大等级以上质量事故。

七、坚持环境整治，促进美丽乡村建设效果好

结合《全区美丽乡村“四片一环”示范区建设实施方案》（区委办〔2016〕25 号），全面推进美丽乡村公路建设，做足“美丽公路 +”文章 ，全方位打造“自然风景线”“历

史人文线""科创产业线""旅游风情线""生态富民线"等美丽经济交通走廊"五大公路线"，全力打造"四好农村路"，全域建成美丽乡村公路。为巩固建设成效，自2015年起，组织开展"拆违章、种树木、改立面、装路灯、砌围墙、做小品、治污水、理管线、保整洁"等"九大专项行动"，对全区27条主要道路及沿线环境进行全面整治。截至2016年底，全区共拆违章1032.8万平方米，种树木58.52万株，改立面323.17万平方米，装路灯8603盏，砌围墙21.16万平方米，建设小品102个。同时，采用"现场拍摄、清单交办，限时整改、限期销号，每周通报、成绩排名"的办法，开展"两路两侧""四边三化"路域环境专项整治，已连续对乡道以上的所有公路开展三轮整治。柯桥区连续获评2015年度、2016年度浙江省"两路两侧""四边三化"专项整治工作优秀县（市、区）。

建设“四好农村路” 助力产业升级

柯桥区漓渚镇棠棣村最有名的一条路就是双棠公路（兰泽路）。沿路而行，依季种植的特色花木点缀两旁，粉墙黛瓦的村庄错落分布，目之所及犹如一幅乡村油画。这条全长仅 3.5 公里的农村公路，完全按照“因地制宜、融景入路、依山傍水、顺势而为”的理念建造。这条村道不仅成为柯桥区美丽乡村公路示范线路，吸引了大批游客和各级同行参观学习，更承载着全镇产业升级、乡村振兴的希望。

棠棣村以种植附加值较高的花草苗木为主要收入来源之一，但交通条件曾是村民长久以来的一块心病。“ 2015 年以前，村里不通公路，苗木经常要靠人力挑出去，大的树木需要6~8个人来抬。”村民金明荣说，“有时候甚至花都谢了，苗木还没运出去。”现在的棠棣村，无论是精致的蝴蝶兰还是挺拔的樟树，都“搭”上大货车从这个小村庄运往全国各地，畅行无阻。“从人工运输到车辆机器运输，两种运输方式的转变，不仅仅减轻了村民负担，提高了效率，还让这其中的实惠实实在在地进了村民的腰包。”棠棣村党总支书记刘建明说：“以前绝大部分苗木装车的地方太远，路修通后运输成本节省60%~70%。运输方便带动销售增长，村民们收入节节高，2017年棠棣村村民人均纯收入超过5万元。”

如今，“花香漓渚”田园综合体试点的建设更是为漓渚镇插上了腾飞的翅膀。试点以“村庄美、产业兴、农民富、环境优”为总目标，着眼于乡村农业产业振兴、农耕文化振兴以及农村人气振兴，通过建设千亩花市、千亩花苑、千亩花田，着力打好“美丽经济、田园生态、乡愁人文”三张名片。

“四好农村路”助推乡村振兴

平王线是柯桥区南部山区的一条重要县道，是平水镇连接王坛镇的主要公路，也是柯桥区衔接上虞区、嵊州市的一条连贯通道。平王线全长23.18公里，沿线有日铸岭旅游景区、梅园村、祝家村、宋家店村、王化村、小舜江村、肇湖村、坎上村等山区风情旅游景点和历史文化古村落。2015～2016年，柯桥区投入1.18亿元，对平王线全线进行了提升改造。路段采用双车道四级和三级公路标准，路基宽度为7.5～9米，主要是对路基路面进行改造，并完善排水、路灯、安全设施、照明、候车亭、停车场、服务站（点）等配套工程。全线按照因地制宜、显山露水、融景入路的理念打造“美丽公路”，充分体现自然风貌、地域特色。

平王线依托美丽乡村交通走廊建设，做足“美丽公路 +”文章，将美丽公路与历史人文、乡村旅游、特色民宿和农家乐、休闲体育、健康养生等完美结合起来。这里有绍兴最为古老的茶马古道“日铸岭”。这里是绍兴名茶“日铸茶”的家乡。这是一座没有围墙的博物馆，更是一处天然氧吧，历史厚重的人文积淀比比皆是，山水兼备的自然风光移步换景。通过乡村旅游，串联起日铸岭古道、汤浦水库、舜王庙等景点，沿途溪水淙淙、茂林修竹，成为穿行于山水之间，环山绕湖，满目苍翠的“骑行天堂”，也是休闲健身、登山旅游佳地。“修一条路、造一片景、富一方百姓”这一理念在平王线得到了生动实践和完美诠释。

以“四好农村路”为推手深山变金山

柯桥区县道钱茅线，全长29.14公里，是柯桥区西南连接钱清镇、夏履镇、湖塘街道、漓渚镇的交通要道，也是柯桥区通往萧山进化、诸暨店口的主要通道。钱茅线充分利用现状道路资源，通过土路肩硬化、增设排水沟、山体复绿等措施进行改造，尽可能增加路基宽度和有效路面，避免破坏生态环境，真正实现修路造景，融景入路。在美丽公路提升和改造的基础上，通过各镇村配合，结合当地风俗、文化，进行节点改造及补充；通过辐射延伸，连线成片，以道路的有效提升为纽带，带动沿线、串联全域，有力地带动沿线当地苗木产业和旅游经济的发展，被沿线老百姓称为“生活幸福路、致富快车道”。2016

年钱茅线入选首批省级精品示范道路。

钱茅线让深藏山林的花木、农产品以缤纷优雅的姿态“走出”了大山，便捷的交通让当地百姓的生产生活条件得到了较大的改善。在湖塘街道香林村，千年桂花林、万株桂花树绵延千里。游客可以在这里享用完一道道带着十足桂花风味的农家菜，购买桂花糖年糕、桂花汤圆、桂花糖藕等特色点心，配上一壶桂花酿，邀上明月为伴，最是江南好滋味。依托大香林景区资源，各种农家乐、文创小店沿街开设，公路不仅为村民的日常生活带来便利，更为这个村庄送来了丰富的旅游资源，为这个花香四溢的村庄带来了新的活力与生机。

2017 年 12 月 7 日，全省“四好农村路”现场会在柯桥区召开

2017 年 2 月 21 日，交通运输部公路局副局长孙永红调研柯桥区美丽公路建设

2017 年 3 月，交通运输部政策研究室副主任舒驰调研柯桥区治超工作

2017 年 2 月 21 日，省公路局局长洪秀敏调研柯桥区美丽公路

2017 年 11 月 28 日，交通运输部规范执法省际检查组检查柯桥区治超工作

2018 年 3 月 30 日，广东省交通运输厅副厅长贾绍明一行考察柯桥区“四好农村路”建设工作

平王线祝家村段　陈立明摄

老平王线　陈立明摄

老平王线　陈立明摄

双棠公路（一） 夏越祥摄

双棠公路（二） 夏越祥摄

茅草亭

双棠公路　骑行

乡村骑行　陈立明摄

联合治超　陈颖婷摄

公路养护　高洁摄

治超　王磊摄

路政管理　陈颖婷摄

△ 香林公路　高洁摄

△ 绍甘线平水段　宣炯摄

平王线平水段　宣炯摄

▲双棠公路枫香树　高洁摄

▼钱茅线夏履至夏泽段　陈立明摄

平王线王化村段　夏越祥摄

平王线小舜江村段　陈立明摄

△ 双棠公路入口　夏越祥摄

◁ 同庆公路　陈立明摄

平王线平水段 陈立明摄

科技治超 王磊摄

西上线　陈立明摄

大香林盘山公路　陈立明摄

△ 绍甘线稽东段　陈立明摄

△ 杨汛桥树人路　陈立明摄

下双线王坛段　夏越祥摄

▲ 分后线　陈立明摄

▼ 绍甘线　陈立明摄

村村通公交　李毅伟摄

下大线安昌段　陈立明摄

绍甘线平水段　陈立明摄

杭金衢高速连接线　陈立明摄

绍大线　陈立明摄

双棠公路

国道 104 高架柯桥城区段 陈立明摄

平水公交站 陈立明摄

柯桥区关于进一步推进"四好农村路"建设的实施意见

2017 年 6 月 23 日　　　　　　　　　　　　　绍柯政办发〔2017〕50 号

为深入贯彻落实习近平总书记对农村公路建设工作的重要指示精神，进一步推进我区农村公路建管养运协调可持续发展，全面建设"三个柯桥"，率先建成全域美丽乡村，根据交通运输部《关于推进"四好农村路"建设的意见》（交公路发〔2015〕73 号）和省交通运输厅《关于进一步推进"四好农村路"建设的实施意见》（浙交〔2016〕221 号）、《浙江省"四好农村路"示范县评价办法（试行）》（浙交〔2017〕32 号）文件，现就我区"建好、管好、护好、运营好"农村公路（以下简称"四好农村路"）提出如下实施意见。

一、总体思路与目标

以习近平总书记提出的"四好农村路"为总纲，紧紧围绕区委区政府"十三五"期间率先建成全域美丽乡村的总体目标，加快推进"时尚柯桥、印象柯桥、幸福柯桥"建设，以"美丽乡村公路"建设为抓手，进一步完善"政府主导、部门指导、镇（街道）负责、村居配合"的农村公路共建、共管、共享的建管养机制，建设"四好农村路"，推进农村公路建、管、养、运一体化发展。至"十三五"末，全域建成"四好农村路"，创建全省示范县（市、区），全方位打造"自然风景线""历史人文线""科创产业线""旅游风情线""生态富民线"等美丽经济交通走廊"五大公路线"，为全国"四好农村路"树立"柯桥样板"。

（一）通达水平全面提高。全面消除等外路，打通断头路，拓宽瓶颈路，基本完成窄路面的改造。开展"等外路"提升改造（2017—2019 年）三年计划，全面提升乡村道路技术等级及通行能力，实现4A级及以上景区、特色小镇、科创园区、省级产业集聚区通达二级及以上公路，历史文化名村、美丽乡村精品村、旅游风情小镇、农家乐示范村通达等级公路。

（二）通畅水平全面改善。加大农村公路基础设施提升改造力度，结合全区"四片一环"美丽乡村示范区建设的要求，继续实施县乡公路升级改造和"四圈一环"美丽乡村公路建设，开展"差等路"提升改造（2017—2019年）三年计划，全面提升农村公路路况水平。优、良、中等路比例达到并保持在92%以上，路面技术状况指数（PQI）逐年上升。积极开展"美丽乡村公路示范乡镇（街道）"创建，力争到"十三五"末，实现全区"美丽乡村公路乡镇（街道）"全覆盖，其中40%以上乡镇（街道）成功创建绍兴市"美丽乡村公路示范乡镇（街道）"。

（三）安全设施全面完善。村道临水临崖（8米以上）路段、县乡道临水临崖（4米以上）路段安全设施全面完善，县乡道安全生命防护工程全面完成，农村公路路产路权得到有效保护，农村公路危险桥隧及时有效处置。2018年底前，基本消除四、五类公路桥梁，并逐步改造三类桥梁，危桥发现后当年开工处置率达100%，安全隐患治理率达到100%。

（四）运输体系全面建成。建立完善的城乡运输持续发展机制，每个镇均建立农村客运站，农村客货运输网络更加完善，所有建制村实现村村通公交，城乡客运一体化发展水平综合评定为5A级，居全省领先水平。

二、工作重点与任务

（一）进一步建设好农村公路

1.提升优化路网标准。重点推进通往4A级及以上景区、特色小镇、科创园区、省级产业集聚区、历史文化名村、美丽乡村精品村、旅游风情小镇、农家乐示范村的公路提升和路域环境整治；开展县（市、区）域之间、镇（街道）之间、行政村之间的断头路连通建设；按照"因地制宜、崇尚自然、显山露水、融景入路，体现自然风貌、地域特色"的理念，全力打造"四圈一环"美丽乡村公路，进一步构建"便捷、畅通、安全、舒适"的路网体系，到2020年，全区美丽乡村公路建设总里程达250公里以上。

2.完善建设管理机制。完善建设推进机制，落实"七公开"制度，加强行业监管，接受社会监督，打造农村公路“阳光工程”“品质工程”。新改建农村公路必须达到四级及以上标准，交通安全设施、排水系统、公交停靠站、服务站和主体工程实现同步设计、同步施工、同步验收，一次交工验收合格率达到 100%。至 2017 年底，所有已通建制村的农村公路均符合“村村通公交”通行条件。

（二）进一步管理好农村公路

1. 完善管理机制。建立健全“以区为主、行业指导、部门协作、社会参与”的农村公路工作机制，完善镇级农村公路养护和管理站建设机制，充分发挥镇（街道）、村（居）的作用。实行全区“政府主导、部门指导、镇街负责、村居配合”的“共管共养共享”农村公路管养机制，努力实现公路管养高标准上的“常态化、精细化、长效化”管理。加大区级公路管理机构和乡级农村公路管理机构管理技术人员配备力度，加强对基层人员的技术培训，落实必要的办公场所和机具设备。落实管养公示制度，深化“路长制”，推行“路段长制”管理，实现公路管养公示牌全覆盖，接受社会监督。

2. 保护路产路权。提高沿线群众爱路护路意识，爱路护路的乡规村约制定率达到 100%。加强农村公路路政管理，清理公路用地范围内违章建筑、堆积物和非公路标志，切实维护路产路权；加大超限超载治理力度，依托区公路联合治超执法大队，强化“四路共管”和“四个全覆盖”的“大治超”工作，积极开展非现场执法系统建设，推广科技治超。完善重要节点、沿线乡村和交叉口指示标志，规范地名标识，构建准确、明晰的农村公路指路体系，规划普通公路服务站及停车场地设施建设，增加公路服务功能，提供便捷舒适的公路环境。

3. 创建全域美丽公路。结合“五水共治”“三改一拆”“八大战役”“两路两侧”“四边三化”“小城镇环境综合整治”等工作，以实施优化环境“八大行动”为契机，以“九大专项行动”为抓手，持续开展路域环境专项整治，实现“建设一条、提升一条、整治一条、见效一条、美丽一条”的目标，全面提升乡村公路路容、路貌和路域环境，实现田路分家、路宅分家，对农村公路可绿化路段实现绿化全覆盖，提高管养标准，确保全区公路路域环境整洁优美。

（三）进一步养护好农村公路

1. 提升路况质量。加强农村公路日常养护，加大农村公路大中修力度，实现周期性养护良性循环。通过多途径统筹，加强农村公路养护维修，年度大中修里程占农村公路总里程比例达到 4% 以上，“十三五”期间，实施农村公路路面维修工程 300 公里以上。定期开展农村公路技术状况检测评定工作，推广自动化快速检测，五年内县道评定频率不低于两次、乡村道不低于一次。加强公路路况数据的采集应用，做到科学养护。

2. 消除安全隐患。以临水临崖路段、地质灾害隐患点段、校车客运班车营运路段、急弯陡坡为重点，推进公路安全生命防护工程建设。加强农村公路桥隧养护管理，建立健全桥隧养护工程师制、一路一桥（隧）一牌一档制、定期检查评定等长效养护管理制度，通过定期检测掌握农村公路桥隧技术状况，及时加固改造农村公路病危桥隧，发现一座处置一处。

3. 提高养护管理水平。推广农村公路“四新”技术和预防性养护技术应用，开展养护示范项目创建，推进科学养护。继续推进乡级农村公路管理站规范化建设，加强业务培训，推广政府购买服务方式，逐步培育养护市场，推进农村公路养护工作市场化。

（四）进一步运营好农村公路

1. 提高农村客运通达率。因地制宜创新农村客运运营模式，结合道路条件、农村居民出行需求等因素，统筹运用公交车、电话（网络）约车等多种方式，加快提升农村客运通达率。建立健全市场化运营、票价调整、公共财政投入、服务质量考核等长效机制，推进城乡客运可持续发展。根据居民出行需求特征，加快农村公交首末站、候车亭等配套设施建设，到 2020 年，改造、新增公交候车亭 800 个以上，候车亭覆盖率达 80% 以上，不断优化提升公交“村村通”水平。

2. 提升农村客运安全管理水平。区交通运输局应联合区公安分局、安监局等部门及各镇（街道）进一步建立完善农村客运通行条件审核工作机制。根据《乡村公路营运客车结构和性能通用要求》(JT/T 616—2016)，采用符合实际和安全条件的农村客运车型。充分运用信息技术手段加强农村客运车辆动态监管，农村客车卫星定位车载终端安装率及接入动态监管平台比例均达到 100%。统筹推进“两站两员”(乡镇交管站和农村交通安全劝导服务站，乡镇专职交通管理员及农村交通安全协管员）制度建设，加强农村客运市场秩序整治，确保农村居民安全出行。

3. 完善农村物流网络。促进农村物流资源整合与协同开发，鼓励“多站合一、资源共享”，搭建区级配送集散中心、镇级分拨中心、村级配送网点的三级城乡物流网点体系。加快实施“互联网 + 农村物流”行动，提升农村物流企业的信息化应用水平，引导农村物流企业与电商的深度合作，促进农村物流与电商深度融合。

三、保障措施与要求

推进“四好农村路”建设是我区“十三五”服务民生的重点工作，各镇（街道）和相关部门（单位）要高度重视，切实履行“四好农村路”建设的主体责任，采取有效措施，精心组织，将各项任务和目标落到实处。

（一）加强领导责任落实。为切实抓好柯桥区“四好农村路”示范县（市、区）创建工作，成立柯桥区“四好农村路”工作领导小组，由区长任组长，分管副区长任副组长，各相关部门（单位）和各镇（街道）负责人为成员。领导小组下设办公室，办公室设在区交通运输局，负责建设和考核工作。各镇（街道）要相应成立以主要负责人为组长的领导小组，出台本镇（街道）内的“四好农村路”建设实施意见，制订年度实施计划，细化工作目标，完善工作机制，明确相关责任，落实好人员、建设资金和工作经费。

（二）开展示范创建活动。以全市乡村公路示范乡镇（街道）创建为抓手，对照浙江省“四好农村路”示范县（市、区）建设要求，着眼于全区范围内农村公路建管养运整体发展水平的评价，围绕主体责任落实、资金保障、“建设好、管理好、养护好、运营好”综合评价等具体任务指标，全力开展全省“四好农村路”示范县（市、区）创建工作，积极争创全国“四好农村路”示范县（市、区）。各镇（街道）和相关部门（单位）要结合美丽乡村建设各项工作的开展，明确目标、细化责任、专人负责、层层考核，形成浓厚氛围，把创建工作落到实处。

（三）加大资金投入力度。区政府将加大对农村公路各项工作的投入，加强考核奖补。对成功创建“美丽乡村公路示范乡镇（街道）”的镇（街道）实行专项扶持，除市级补助外，区财政对每个示范镇（街道）一次性奖补 50 万元，每个达标镇（街道）一次性奖补 20 万元，专项用于美丽乡村公路建设，并分别从原补助标准的基础上增加乡道、村道公路日常养护补助标准 1000 元 / 公里。同时，要求各镇（街道）加大对农村公路建管养运资金的财政投入，并根据农村公路建管养运实际需要，建立随农村公路里程、农村客运网络和地方财政增长逐步增加的配套资金增长机制。

（四）强化监督考核机制。“四好农村路”建设工作作为重点工作，纳入区委区政府对各镇（街道）的岗位目标责任制考核。区“四好农村路”工作领导小组办公室要开展各类督查，对推进“四好农村路”建设工作成绩突出的单位给予表扬，对工作推进不力的进行通报。

附件 B

柯桥区创建美丽经济交通走廊示范区实施方案

2018 年 2 月 11 日　　　　　　　　　　　　绍柯政办发〔2018〕11 号

为深入贯彻落实党的十九大精神和习近平总书记对“四好农村路”建设的重要批示精神，进一步发挥我区交通发展对经济社会转型升级的推动和支撑作用，根据浙江省交通运输厅浙江省财政厅《关于印发浙江省万里美丽经济交通走廊考核验收办法的通知》(浙交〔2017〕175 号）文件精神，结合我区实际，特制定柯桥区创建美丽经济交通走廊示范区实施方案。

一、总体目标

（一）指导思想。创建美丽经济交通走廊，高水平建设“四好农村路”升级版，是贯彻落实“两山理论”、交通强国、乡村振兴战略的重要实践，也是加快实施全省综合交通发展战略和“1210”交通强省行动的创新举措。按照“修一条路（航道）、造一片景、活一地经济、富一方百姓”的理念，紧扣区委、区政府提出“十三五”期间率先全域建成美丽乡村的总体目标，以“美丽公路”“美丽航道”建设为载体，完善提升公路、水运等交通网络和骨干廊道，充分发挥地域优势和特色，强化交通与旅游、产业、民生、创新的融合发展。全方位打造自然风景、历史人文、科创产业、旅游风情、生态富民等“五大”美丽经济交通走廊，串起美丽乡村、连接美丽景色、联动美丽产业、带动美丽经济、促进美好生活。

（二）行动路径。以旅游、产业、民生、创新各项需求为导向，落实“一个规划”，深入开展“五大走廊”建设，持续推进“四好农村路”工作，通过“五水共治”“三改一拆”、全域美丽乡村建设、“五星达标、3A 创建”、小城镇环境综合整治、全域旅游景区化、特色小镇、科创产业等工作有机结合，完善机制，形成合力，充分发挥“美丽交通”

带动“美丽经济”的引领作用。

（三）目标任务。根据省委省政府总体部署，实行“五个一”为主要内容的工作措施，即“落实一个组织机构、编制一个创建方案、明确一名项目负责人、制作一套上墙图表、建立一个验收考核机制”，通过“巩固提升一批、整治改造一批、打通新建一批”的要求，实现 4A 级以上景区、特色小镇、科创园区、省级产业集聚区通达二级以上公路，历史文化名村、农家乐示范村、美丽乡村精品示范村、旅游风情小镇通达四级以上公路；在全区创建 7 条 139 公里以上质量好、环境美、服务优、带动大、安保强，涵盖自然风景、历史人文、科创产业、旅游风情、生态富民等五种主题的示范走廊。其中 2017 年建成 4 条 88 公里（含美丽航道 1 条 23 公里），2018 年建成 3 条 51 公里，2018 年争创“全省万里美丽经济交通走廊创建达标县（区）”，2019 年争创示范县（区），至“十三五”末，全面完成全域美丽经济交通走廊创建工作。

二、重点任务

（一）坚持理念创新，高品质建设

1. 规划引领，实施四个“三年计划”。按照高起点、高标准、高品质，全过程、全方位、全路域理念，以“越秀柯桥、美丽五环”为主题，按照“一张蓝图画到底，一以贯之抓落实”的要求，完善第二轮（2015—2017 年）县乡公路升级改造和“四圈一环”美丽乡村公路（2015—2017 年）建设计划，编制实施“等外路”“差等路”提升改造（2017—2019 年）和美丽经济交通走廊（2017—2019 年）等两个“三年计划”；按照“一路一景、一域一特色”要求，全力打造自然风景、历史人文、科创产业、旅游风情、生态富民等 139 公里以上美丽经济交通走廊精品示范走廊（其中美丽航道 23 公里），176 公里以上美丽经济交通走廊（示范走廊外）；全面开展公路服务站（驿站）建设，计划“十三五”末完成 18 个；开展全域美丽乡村建设，开展国省道提标、提质、提速“三提”行动计划，为推动全区美丽乡村建设和区域经济发展提供有力的交通保障。（责任单位：区交通运输局，配合单位：区农办、国土分局、建设局、规划分局、交投集团）

2. 因地制宜，出台标准化建设实施指南。按照“因地制宜、崇尚自然、显山露水、融景入路，体现自然风貌、地域特色”的理念，充分利用现状道路资源，宜弯则弯、宜宽则宽，切实优化公路改造规划设计，制订出台《美丽公路建设标准实施指南》，将公路路基路面改造和公交候车亭、路灯照明、绿化小品、景观节点、停车场、服务站（驿站）、慢行系统等附属工程实行“同步设计、同步实施、同步验收”的标准化，高品质改造，全力打造“四好农村路”升级版。（责任单位：区交通运输局、交投集团，配合单位：区农办、建设局、规划分局）

3. 典型示范，创建美丽乡村公路示范镇街。结合全国“四好农村路”示范县复评和全省美丽经济交通走廊示范县创建，开展“会稽诗路”“山阴兰桂”“鉴湖渔歌”“钱杨印象”等4条示范景观带建设，出台以奖代补激励政策，继续开展美丽乡村公路示范乡镇创建活动，至2018年底完成全部达标镇创建并成功创建市级示范6个。做到每个镇都有一条以上的县、乡、村道“样板路”，打造钱茅线、双棠公路、平王线、绍甘线等一批省级精品示范路。（责任单位：区交通运输局，配合单位：区农办、建设局、农林局）

（二）坚持要素保障，优机制管理好

1. 充分保障资金。继续加大财政资金投入，2018年投入2.35亿元实施美丽经济交通走廊建设（县乡公路升级改造）和“四圈一环”美丽乡村公路建设、投入1亿元开展“等外路”“差等路”提升改造、投入1600万元实施农村公路病危桥维修、投入4100万元实施农村公路日常管养。（责任单位：区财政局，配合单位：区农办、交通运输局）

2. 健全机制保障。对区域内“四好农村路”建设和美丽经济交通走廊创建实行“牵头领导＋部门平台＋沿线镇街”的“三位一体”工作机制。对农村公路管养实行“政府主导、部门指导、镇街负责、村居配合”的“共管共养共享”机制，镇级农村公路管理站100%设置，配备专职农村公路管理人员，确保实体化运作，切实做到“有路必管、管必到位”。（责任单位：区交通运输局，配合单位：区编委办、农办、建设局、各镇〔街道、开发区〕）

3. 强化监督管理。每月对全区16个镇（街道、开发区）的集镇、村居道路及河道环境进行“明察暗访”。深化“路长制”“路段长”“河长制”和“一路一牌”管理制度，进一步加强全区37条县道及以上道路“路长制”和854条“河长制”管理，就公路、河道管养难点问题及时进行统筹协调、监督反馈、问题整改、跟踪落实。（责任单位：区农办、交通运输局、水电局，配合单位：区建设局、综合执法局、各镇〔街道、开发区〕）

（三）坚持长效管理，严整治保护好

1. 合力开展“九大专项行动”。结合农村环境卫生综合整治工作，以“两路两侧”“四边三化”为核心内容，继续开展道路、河道沿线“拆违章、种树木、改立面、装路灯、砌围墙、做小品、治污水、理管线、保整洁”等“九大专项行动”。继续推行“现场拍摄、清单交办，限时整改、限期销号，每周通报、成绩排名”办法，进一步深化全区公路、航道沿线路域环境整治。（责任单位：区农办、交通运输局、水电局，配合单位：区建设局、综合执法局、各镇〔街道、开发区〕）

2. 创新农村公路科学管养手段。全面开展农村公路技术状况自动化检测，推广“四新”技术，着力提升公路管养水平。推行“政府购买服务”的方式，对区管公路的路面保洁和绿化养护实行市场化专业养护，试点开展主要道路“以克论净”保洁方式，对公路保洁、绿化养护、路政管理实行“捆绑式”巡查、考核。（责任单位：区交通运输局，配合单位：区建设局、综合执法局、各镇〔街道、开发区〕）

3. 深化“四路共管”大治超模式。全面构建高速公路、国省道、农村公路和市政道路“四路共管”的大治超工作格局，深化“专职队伍、联合执法、常态管理、综合治超”的治理模式。全面推行科技治超，至2018年底，累计完成29处132个车道非现场执法系统建设，实现全区主要公路非现场执法系统全覆盖，干线公路超限率降至2.6%，超限超载引发的交通事故同比下降10%。（责任单位：区公安分局、交通运输局、综合执法局，配合单位：区建设局、质监局、法院、各镇〔街道、开发区〕）

（四）坚持城乡统筹，重效益运营好

1. 交通出行“村村通公交”。打造全国县市区一流公交系统，开展“村村通公交”（2017—2019年）三年行动计划，率先在全省实现行政村村委或文化活动中心500米范围内“村村通公交”，实现公交站点行政村全覆盖，公交站场镇（街道、开发区）全覆盖、公交车无人售票全覆盖，公交车移动支付和主城区至各镇（街道、开发区）间“夜公交”全覆盖，进一步提升城乡道路客运一体化发展水平。至2018年公交候车亭覆盖率达70%以上，争取达到80%；继续开展公交乘客满意度第三方测评。（责任单位：区交通运输局、交投集团，配合单位：建设局、综合执法局、各镇〔街道、开发区〕）

2. 电商物流“村村有网点”。实现全区行政村（居）电商全覆盖，通过搭建培育“供销·淘实惠”农村电商综合服务平台，完善村级物流网点布局建设，村电商服务点建设较上一年度增长10%。（责任单位：区商务局、供销社、邮政管理局，配合单位：交通运输局、各镇〔街道、开发区〕）

3.“美丽公路+”“村村有特色”。做足“美丽公路+”“美丽航道+”文章，推出

“美丽公路＋、美丽航道＋乡村旅游、体育休闲、特色产业、历史人文”等品牌，形成香榧采摘游、古道游等乡村特色旅游，拓展环浙骑行、乡村公路骑游、马拉松、兰文化节等活动，推动柯岩酷玩、湖塘黄酒、兰亭书法等特色小镇建设和柯桥、安昌等古镇景区开发，发展稽东香榧、平水茶叶、王坛青梅等特色经济和乡村民宿等新兴业态，创建“花香漓渚”田园综合体试点项目，全力创建“五星达标、3A 创建”，完成湖塘街道香林村等 8 个村创建全省 3A 级景区村庄。旅游总收入、农家乐营业收入较上一年度增长 10%，农村居民人均可支配收入较上一年度增长 8%。（责任单位：区农办、农林局、旅游局，配合单位：区建设局、交通运输局、统计局、调查队、交投集团、旅发集团、各镇〔街道、开发区〕）

三、保障措施

（一）加强组织领导。成立柯桥区美丽经济交通走廊创建工作领导小组，由区长任组长，分管副区长任副组长，各相关部门（单位）和各镇（街道、开发区）负责人为成员。领导小组下设办公室，办公室设在区交通运输局，其他主要成员单位由区农办、建设局、水电局、旅游局等部门组成。

（二）加强投入保障。突出美丽经济交通走廊创建的重要位置。作为财政支出的优先保障领域，区财政应重点保障美丽经济交通走廊建设（美丽乡村公路建设、县乡道升级改造）、公路（航道）日常管养、乡村公路“等外路”“差等路”改造提升和病危桥梁（隧道）维修等资金。

（三）加强宣传引导。美丽经济交通走廊创建涉及面广、工作量大，要加强正面宣传和舆论引导，通过行风秩序、工作实效的宣传，树立典型、弘扬正气，获得公众的支持、监督和配合，真正做到交通提升、环境改善、经济发展、人民满意。

（四）强化督查考核。将美丽经济交通走廊创建工作作为重点工作来抓，纳入区委区政府对各镇（街道、开发区）和部门的年度岗位目标责任制考核。区美丽经济交通走廊建设工作领导小组办公室要对照创建考核要求，结合各单位职责开展督查，对工作推进成绩突出的给予表扬，对推进不力的进行通报、追责。

附件 C

柯桥区“美丽乡村公路示范乡镇”创建的实施意见

2016 年 3 月 18 日　　　　　　　　　　　绍柯政办发〔2016〕11 号

为认真贯彻落实习近平总书记“进一步把农村公路建好、管好、护好、运营好”重要指示精神，按照交通运输部《关于推进“四好农村路”建设的意见》(交公路发〔2015〕73 号)、《绍兴市“美丽乡村公路示范乡镇（街道）”考核工作方案》(绍政办发〔2015〕68 号)、《绍兴市柯桥区农村公路养护与管理暂行办法》等文件精神，结合柯桥区美丽乡村建设实际，决定在全区开展“美丽乡村公路示范乡镇（街道）”创建工作，现提出如下实施意见。

一、指导思想

深入贯彻落实党的十八大和十八届四中、五中全会精神，紧紧围绕区委区政府“十三五”期间率先建成全域美丽乡村的总体目标，加快推进“时尚柯桥、印象柯桥、幸福柯桥”建设，以“美丽乡村公路”建设为抓手，着力打造“畅通、便捷、安全、舒适”的农村公路“升级版”，优化生态环境，促进城乡一体化发展。

二、总体目标

按照“修一条乡道、串一片风景、富一地百姓、正一方风尚”的目标，围绕全区“十三五”期间的“四片一环”美丽乡村示范区建设任务，坚持“统一规划、分步推进”的原则，因地制宜，融景入路，配套建成“四圈一环”的美丽乡村公路，按以点带面、串点连线、连线成片的方式，率先建成全域美丽乡村。通过开展“美丽乡村公路示范乡镇（街道）”创建，进一步完善“政府主导、部门指导、镇（街道）负责、村居配合”的农村公路共建、共管、共享的建管养机制，建设"四好农村路"，推进农村公路建、管、养、运一体化发展，着力提升乡村公路管养水平和城乡环境面貌。力争到"十三五"末，全区"美丽乡村公路乡镇（街道）"（以下简称"达标镇街"）争创全覆盖，其中，40%以上乡镇（街道）成功争创绍兴市"美丽乡村公路示范乡镇（街道）"（以下简称"示范镇街"）。

三、主要内容

（一）路畅。继续加大农村公路基础设施提升改造力度，结合全区"四片一环"美丽乡村示范区建设的要求，打造"四圈一环"的美丽乡村公路。以"建好、管好、护好、运营好"乡村公路为目标，乡村公路列养率达100%，优、良、中等路比例不低于75%，基本"消灭"差等路。

（二）桥安。加强桥梁（隧道）安全管理，消除安全隐患，确保公路畅通和桥隧安全。2018年底前基本消除四、五类公路桥梁，并逐步改造三类桥梁。危桥发现后当年开工处置率达100%，安全隐患治理率达到100%。

（三）景美。结合"五水共治""三改一拆""四边三化"工作，以实施优化环境"八大行动"为契机，以"九大专项行动"为抓手，因地制宜、生态自然、融景入路，全面提升乡村公路路容路貌和路域环境；绿化护管率达到100%，成活率达到90%以上。

（四）规范。全面推进镇（街道）农村公路管理机构"六个一"（即建立一个专门机构、组建一支养护队伍、安排一处办公场所、筹措一笔管养经费、健全一个运行机制、完善一套内业台账）建设，2017年底镇级农村公路管理机构设置率达到100%，镇（街道）农村公路管理财政资金保障制度制定率达100%，爱路护路乡规民约制定率达到100%。

（五）惠民。结合柯桥区美丽乡村"四片一环"示范区建设工作，按照属地负责原则，各镇（街道）要合力做好征地、拆迁、拆违、管线迁改等工作，共同推进全区美丽乡村公路示范线路建设，并协同开展区域内乡村公路提升改造；将人民群众意愿落实到创建工作中，群众满意度测评（或满意度）达到90%以上。

四、工作措施

（一）加快美丽乡村公路建设。各镇（街道）要结合柯桥区“四圈一环”美丽乡村示范区建设工作，通过开展“美丽乡村公路建设年”活动，做好区域内美丽乡村公路建设配套相关工作。一要全力配合做好全区“四圈一环”的美丽乡村公路建设，重点做好相关政策处理工作和道路沿线路域环境整治，确保区级美丽公路建设工作顺利推进。二要积极开展镇（街道）区域内乡村公路的提升改造，通过辐射延伸、连线成片、以道路通行能力的有效提升为纽带，带动沿线、串联全域，全面推动全域美丽乡村建设。

（二）加强乡村公路日常管理。一要加强日常养护。乡道公路日常养护由各镇（街道）组织实施，村道公路日常养护由各镇（街道）与村级组织共同组织实施。镇（街道）和村要加强乡村公路日常养护巡查，及时发现和解决路基、路面、桥隧、安保等设施问题，排除安全隐患，确保乡村公路路基稳定、路面平整、路肩整洁、排水畅通、构造物和沿线各类设施完好，并保持良好的路域环境。二要强化桥梁管理。针对乡村公路桥梁建成时间长、设计标准低、承载能力弱等问题，各镇（街道）要根据“事权一致，责任清晰”的桥梁安全管理原则，采取科学有效的管理手段和技术措施，全面建立乡村公路桥梁“一桥一档一牌”制度，确保桥梁安全和公路畅通。要全面排查、定期检测桥梁技术状况，应对公路大中桥梁进行定期检测，针对桥梁安全隐患及时采取有效措施，制定维修加固或改造计划。2018 年底前基本消除四、五类公路桥梁，逐步改造三类桥梁。

（三）深化公路边“三化”工作。一是各镇（街道）要建立健全乡村公路边“三化”工作长效机制，实行常态化管理。以“一种三清”(即种植绿化、清理垃圾、清理违章建筑、清理违章广告牌）为重点，结合优化环境“八大行动”，以“九大专项行动”为抓手，全力推进乡村公路边“洁化、绿化、美化”工作，为农村经济社会发展和群众出行提供“畅通、安全、舒适、优美、生态”的公路交通环境。二是各镇（街道）要会同区公路管理部门，通过指导和组织培训相结合的方式，落实镇级农村公路路政协管员和村级农村公路路政信息员的配置，制定爱路护路乡（村）规民约，发现路产、路权受到侵害时要及时制止并处置。

（四）推进管理机构规范化建设。按照《浙江省农村公路养护技术规范》《浙江省乡级农村公路管理机构规范化建设指导意见》等精神和“职责明确、管养到位、运转高效、保障有力、专群结合、有路必养”的要求，建立一个专门机构、组建一支养护队伍、安排一处办公场所、筹措一笔管养经费、健全一个运行机制、完善一套内业台账，全面推进乡级农村公路管理机构规范化建设，提升管理规范化水平。

（五）健全管养资金保障机制。各镇（街道）将乡村公路管养资金纳入镇级财政预算，切实解决乡村公路养护资金投入不足的问题。在省、市、区各级下拨补助标准以外，按照省政府办《关于印发浙江省农村公路管理养护体制改革方案的通知》（浙政办发〔2008〕4号）要求，镇级财政投入日常性养护资金标准为乡道不低于1000元/公里·年、村道不低于500元/公里·年。村级组织要积极筹措村道日常养护资金和投工投劳，满足村道日常养护基本需求。要建立健全稳定的乡村公路管养资金长效保障机制，并根据乡村公路里程增加、技术标准提高和地方财力增长等情况，逐步加大养护资金投入力度。

五、创建规划

（一）总体规划。一是围绕全区"十三五"期间的"四片一环"美丽乡村示范片区建设任务，配套建成"四圈一环"的美丽乡村公路。二是全域争创达标镇街，其中，力争6个以上镇（街道）成功争创示范镇街。

（二）年度计划。一是2016年着力打造"两圈一环"的美丽乡村公路建设，2017年底基本建成"四圈一环"美丽乡村公路。二是2016年积极推动平水镇、湖塘街道、兰亭镇、夏履镇、漓渚镇、王坛镇等6个镇（街道）争创达标镇街，其中，平水镇、夏履镇、漓渚镇3个镇争创示范镇街。2018年底前全部镇（街道）争创达标镇街。

六、考核评比

（一）考核程序。镇（街道）作为考核工作实施主体，2016年初，对照《柯桥区"美丽乡村公路示范乡镇（街道）"评分标准》（以下简称"《评分标准》"）提出工作计划，并对照评分标准，组织自评及考核。每年12月，由区"美丽乡村公路示范乡镇（街道）"创建工作领导小组组织验收，考核分在70分（含）以上的，为达标镇街，由区政府上报，市级发文通报命名。

（二）示范命名。一是开展美丽乡村样板公路创建，争创达标镇街的镇（街道），至少需成功创建区、镇、村道美丽乡村样板公路各一条，由区"美丽乡村公路示范乡镇（街道）”创建工作领导小组组织验收并上报，由市级发文通报命名。二是开展示范镇街创建，在达标镇（街）的基础上，每年择优推荐上报示范镇（街）候选单位，由市政府组织考核，按照《评分标准》达到85分（含）以上的，为示范镇（街），并由市级通报命名。

（三）年度复核。对已命名的示范镇街实行年度复核制，由镇（街道）按照《评分标准》自查自评，符合标准的，经区政府审定后报市政府复核，复核不符合标准的，取消称号。达标镇（街）由区政府组织复核，复核结果报市政府备案。

七、工作要求

（一）提高认识，加强组织领导。在柯桥区美丽乡村示范区建设领导小组的统一领导下，成立“美丽乡村公路示范乡镇（街道）”创建工作领导小组，由分管副区长任组长，区交通运输局局长为副组长，区农办、编委办、发改局、公安局、财政（地税）局、人力社保局、国土分局、环保局、建设局、交通运输局、水电局、农林局、综合执法局分管负责人为成员。领导小组下设办公室，办公室设在区交通运输局，具体负责考核工作。各镇（街道）也应成立相应组织，确保创建工作深入开展。

（二）明确责任，加强责任考核。各镇（街道）是创建考核工作的实施主体，各有关部门（单位）要按照考核工作要求和评分标准，结合部门（单位）实际制定考核工作规划和年度实施计划，建立工作推进机制，确保考核工作出成果、见实效。2016年起，将示范镇（街）创建结果纳入对各镇（街道）的岗位目标责任制考核。

（三）营造氛围，注重总结提高。各镇（街道）和各有关部门要及时掌握情况、总结经验、培育典型，着力营造良好的工作氛围。在创建过程中，提炼好的做法，形成好的制度，注重长效管理，巩固美丽乡村公路建设成果，努力打造美丽乡村公路示范乡镇（街道）创建的“柯桥模式”。

（四）鼓励先进，强化资金保障。一是通过以奖代补方式给予一定的补助经费。对成功创建达标镇（街）和示范镇（街）的，区财政给予一定的奖补经费。二是提高日常养护资金补助标准。在现有农村公路日常养护年度资金补助的基础上，对创建成功达标镇（街）和示范镇（街）的，区财政将适当提高乡村公路日常养护经费补助标准。同时，对已命名的“达标镇（街）”“示范镇（街）”“美丽乡村样板公路”实行年度复核制，经复核不符合标准的，取消称号及降低部分的养护资金补助金额。

附件 D

柯桥区县乡公路标准化建设实施指南

2015 年 6 月 25 日　　　　　　　　　　绍柯交〔2015〕77 号

为进一步规范全区县乡公路升级改造，推进我区县乡公路的路基、路面、亮化、绿化及安全设施标准化建设，着力打造“便捷、畅通、安全、舒适”的美丽公路，根据现行公路工程技术规范，结合我区实际，特制订本实施指南。

一、实施目标

遵循“因地制宜、崇尚自然、安全可靠、科学合理、集约节约、生态环保”的理念，达到“公路形象好、沿线绿化好、路域环境好、交通秩序好、通行能力好”的总体要求，实现我区县乡公路“畅、洁、绿、美、亮、安”。

二、实施范围

我区县乡公路标准化建设实施范围主要以县道为主、乡村道为副的农村公路。县乡公路等级按照公路的路网规划、使用功能和远景交通量综合确定，一般采用一级、二级、三级和四级公路四个技术等级，即：县道主干线采用一级公路；主要县道公路采用二级或二级以上公路；连接镇（街道）与镇（街道）的公路（以下简称一般县乡公路）主要采用三级或三级以上公路，受地形、地质等条件限制时，可以采用四级公路；镇（街道）通达行政村的公路（以下简称普通乡村公路）采用四级或四级以上公路。

三、实施原则

县乡公路升级改造标准原则上按《公路工程技术标准》(JTG B01—2014)执行。

(一)县道主干线按照一级公路、四车道(视交通量需要设置六车道)标准进行建设，设计速度80公里/小时，新建桥涵汽车荷载等级采用公路Ⅰ级。

(二)主要县道公路按照二级公路、双车道标准进行建设，设计速度60公里/小时，新建桥涵汽车荷载等级采用公路Ⅰ级。

(三)一般县乡公路按照三级公路、双车道标准进行建设，设计速度40公里/小时，新建桥涵汽车荷载等级采用公路Ⅱ级、重型、特重型交通时采用公路Ⅰ级。

(四)受地形、地质等条件限制的一般县乡公路、普通乡村公路按照四级公路、双车道标准进行建设，设计速度推荐采用30公里/小时。局部路段为与沿线农田、水利、村镇规划等配合，保护环境且与当地景观、沿线风光相协调，可按单车道及20公里/小时的设计速度建设；新建桥涵汽车荷载等级采用公路Ⅱ级，重型、特重型交通时采用公路Ⅰ级。

四、路　　基

路基宽度达标，做到线形平顺、挡墙及边坡稳定、排水顺畅。穿越农田路段宜采取浆砌坡脚、挡墙或铺砌边沟，实现田路分家。集镇路段应按城市道路要求设雨水井及地下管道排水设施或设置带盖板的边沟排水设施。

(一)县道主干线公路路基宽度不宜小于24.5米(不含挡墙顶宽，以下同)，中间隔离带宽不小于3.0米：0.5米路缘带+2.0米中央绿化带+0.5米路缘带，行车道宽不小于2×7.5米，两侧各设置不小于3.25米宽路肩硬化(含硬路肩2.5米、土路肩0.75米，作非机动车道用)；路基挡墙一般采用M7.5浆砌块石，压顶一般采用厚15厘米的C25混凝土、集镇路段可采用厚10厘米青石板；路基填筑厚度不小于1米。

(二)主要县道公路路基宽度不小于12米，行车道宽不小于7.5米，两侧各设置不小于2.25米宽路肩硬化(含硬路肩1.5米、土路肩0.75米)；路基挡墙一般采用M7.5浆砌块石，压顶一般采用厚15厘米的C25混凝土、集镇路段可采用10厘米厚青石板；路基填筑厚度不小于1米。

（三）一般县乡公路路基宽度不小于 8.5 米，行车道宽不小于 7 米，两侧各不小于 0.75 米宽硬化土路肩；路基挡墙一般采用 M7.5 浆砌块石，压顶一般采用厚 15 厘米的 C25 混凝土、集镇路段可采用 10 厘米厚青石板；路基填筑厚度不小于 0.8 米。

（四）受地形、地质等条件限制的一般县乡公路、普通乡村公路路基宽度不小于 7.5 米，行车道宽不小于 6.5 米，两侧各 0.5 米宽硬化土路肩；局部路段按 20 公里 / 小时的设计速度建设时路基宽度不小于 6.5 米，行车道宽不小于 6.0 米，两侧各 0.25 米宽硬化土路肩；路基挡墙一般采用 M7.5 浆砌块石；压顶一般采用厚 15 厘米的 C25 混凝土、集镇路段可采用 10 厘米厚青石板；路基填筑厚度不小于 0.8 米。

（五）单车道四级公路路基宽度不小于 4.5 米，行车道宽不小于 3.5 米，两侧各 0.5 米宽硬化土路肩；每隔 300 ～ 500 米设置一处错车道。路基挡墙一般采用 M7.5 浆砌块石；压顶一般采用厚 15 厘米的 C25 混凝土、集镇路段可采用 10 厘米厚青石板；路基填筑厚度不小于 0.8 米。

（六）路基防护

在用地条件受限路段，填方路段路基防护采用浆砌块石挡墙；在山区低填方路段，可采用 1∶1.5 放坡，或可采用放坡 + 护脚墙。挖方路段边沟外坡脚按需设置护面墙，墙体出面要求与景观协调，达到简约、自然的效果；挖方破碎岩石边坡设置 SNS 柔性防护网，土质边坡设置 TBS 防护。

（七）路基外建筑立面改造及配套设施

为保证道路升级改造整体效果，路基两侧建筑立面整治及拆违、改造需要的拆迁、管杆线迁改统一由沿线镇、街政府负责。对路基沿线取土点、弃土点、原道路局部路基超宽处、相关建筑物拆迁后的土地利用均应进行专门设计，防止水土流失、堵塞河道、水库和影响路基稳定，同时可利用取土、弃土、拆迁后形成的场地设置成绿化小品、休闲平台或停车场、错车道等，以充分利用资源。

五、路　　面

路面结构原则上采用沥青混凝土路面，做到路面整洁、路拱适度、路肩硬化、排水畅通，路面中心线、路面边线、路肩外缘线三类线形整齐划一。路面结构厚度根据交通量计算，合理选择结构层厚度，要求按公路等级及特重型交通、重型交通、中型交通三种情况分类确定，县道主干线、主要县道公路基层必须采用振动成型法施工。

（一）县道主干线路面结构形式推荐采用 20 厘米低剂量水泥稳定碎石底基层 +40 厘米厚高剂量水泥稳定碎石基层 +18 厘米沥青混凝土面层。

（二）主要县道公路路面结构形式推荐采用 16 厘米厚低剂量水泥稳定碎石底基层 + 高剂量水泥稳定碎石基层（中型交通厚度 30 厘米，重型交通、特重型交通厚度 40 厘米）+ 沥青混凝土面层（中型交通厚度 12 厘米、重型交通厚度 16 厘米、特重型交通厚度为 18 厘米）。

（三）一般县乡公路路面结构形式推荐采用 16 厘米厚低剂量水泥稳定碎石底基层 + 高剂量水泥稳定碎石基层（中型交通厚度 20 厘米、重型交通厚度 30 厘米、特重型交通厚度为 40 厘米）+ 沥青混凝土面层（中型、重型交通厚度 12 厘米，特重型交通厚度 16 厘米）。

（四）普通乡村公路路面结构形式推荐采用 16 厘米厚低剂量水泥稳定碎石底基层 + 高剂量水泥稳定碎石基层（中型交通厚度 20 厘米、重型交通厚度 30 厘米、特重型交通厚度为 40 厘米）+ 沥青混凝土面层（中型交通厚度 10 厘米、重型交通厚度 12 厘米、特重型交通厚度为 16 厘米）。

普通乡村公路路面结构采用水泥混凝土路面的，结构形式为高剂量水泥稳定碎石基层（中型交通厚度 20 厘米、重型交通厚度 30 厘米、特重型交通为 30 厘米 +16 厘米低剂量水泥稳定碎石）+22 厘米水泥混凝土板块（重型交通厚度 24 厘米、特重型交通为 26 厘米），抗弯拉强度均采用 5.0MPa。

（五）原水泥混凝土路面实施改造时，原则上按“白改黑”方案改造，具体可采用以下方案：

1. 行车道加高后对周边出行、房屋影响较小路段，路面破板率小于 15%，路面沉降基本稳定路段，应修复已破损板块，养护完成后采用共振碎石机或多锤头破碎机破碎原混凝土路面，撒布嵌缝料 +20 厘米高剂量水泥稳定碎石 + ≥ 12 厘米厚沥青混凝土，周边出入口接顺。

2. 行车道加高后对周边出行、房屋影响较大，路面破板率小于 15%，路面沉降基本稳定路段，应修复已破损板块，对原混凝土板块采用共振碎石机进行共振碎石化工艺，撒布透层油 + ≥ 15 厘米厚沥青混凝土，周边出入口接顺。

3. 非机动车道路面下部综合管道较多段，路面破板率小于 15%，路面沉降基本稳定路段，修复已破损板块，喷洒沥青粘层油，在板缝处贴 50 厘米宽高强聚酯纤维布 + ≥ 8 厘米厚沥青混凝土，周边出入口接顺。

4. 行车道及非机动车道路段，板块破损率 > 15% 时，均应根据交通量，采用（一）~（四）四种路面结构方案。

（六）新工艺、新技术

1. 原沥青路面老化、车辙、轻微病害较多、可抬高路段，采用原沥青路面再生工艺，如原沥青厚度为 12 厘米，可再生为 16 厘米厚泡沫沥青混凝土柔性基层 + ≥ 10 厘米厚沥青混凝土，其余附属结构物全部抬高。

2. 基层病害较多路段，应铣刨老路沥青面层，大面积摊铺冷再生基层 + ≥ 10 厘米厚沥青混凝土。

3. 经论证可行后，对基层病害较多路段，应铣刨老路沥青面层，摊铺再生 16 厘米厚泡沫沥青混凝土柔性基层 + ≥ 10 厘米厚沥青混凝土。

4. 条件许可时，应用沥青混凝土就地热再生技术。

（七）对于企业密集地区或建材、能源工矿企业地区路段，原则上增厚路面结构，主要县道公路应采用特重型交通标准，其他县乡公路采用不低于重型交通标准；或可根据交通量分幅采用不同的交通标准。

六、交通工程及沿线设施

公路沿线标志、标线、里程碑、百米桩、路边线轮廓标等按规范设置，做到版面美观、视认醒目，并应按《道路交通标志和标线》(GB 5678—2009)、《公路交通安全设施设计规范》(JTG D81—2006) 的要求设置示警桩、护栏等安保设施。

（一）一、二级公路应配置完善的标志、标线、视线诱导标及必需的隔离栅、防护网；临水与高路堤路段必须设置路侧波形护栏；桥梁两侧统一设钢筋混凝土防撞护栏，集镇设人行道，临水路段或高落差外侧设石栏杆；互通式立体交叉及其周边地区路网应连续设置预告、指路标志；平面交叉必须设置完善的指路或警告、支线减速让行或停车让行等标志、反光突起路标和配套完善的交通安全设施，并保证视距，较高等级公路平交时需单独渠化。

（二）三、四级公路应设置标志，视距不良、急弯、陡坡等路段应设置路面标线及必需的视线诱导标；路侧有悬崖、深谷、深沟、江河、湖泊等路段应设置路侧波形护栏，旅游景区可采用柔性缆索护栏；平面交叉应设置标志和必需的交通安全设施。

（三）公路上设置的标志标牌等交通安全设施应按国家现行标准执行，其他交安设施色调应与周边环境、景观相协调。集镇路段标志版面兼顾城市道路要求；景区路段采用旅游标志，颜色为棕色。

（四）相关安全设施构造尺寸、材料等要求

轮廓标、示警桩采用钢质，视道路环境差别，附着式轮廓标采用新型大角度或大角度自发光结构；里程碑、百米桩采用 C25 水泥混凝土，石栏杆材料采用青石材；石栏杆栏板高 110 厘米，栏板图案间隙不大于 14 厘米。波形（缆索）护栏构造满足《公路交通安全设施设计规范》（JTG TD81—2006）要求，护栏应喷涂防锈漆后再喷塑银灰色（景区路段为棕色）；钢筋混凝土防撞护栏选择《公路交通安全设施设计规范》（JTG TD81—2006）中加强型钢筋混凝土墙式护栏。

（五）按“同步设计、同步实施、同步投运”的原则增设电子设备，在每条道路的重要地段，同步配置道路治超非现场执法、路域电子监控、信号灯等设施，实行 24 小时实时监控；信号灯宜委托区公安交通管理部门代建并负责日常管养。

（六）纵向设置的通讯、给排水、燃气、电力等设施应统一设置在路基外，局部困难地段，除燃气设施外，其他设施经论证后可埋置在道路硬路肩内；各类设施的警示警告标识应与周边环境、景观相协调，设置位置、材质、几何尺寸、颜色、字体大小等均应统一。路政管理部门在办理许可时应予以明确并加强管理，严格控制。

七、交叉口及沿线接线接坡

1. 交叉口

在平面交叉口未考虑单独转弯车道的原建道路，有条件时，一般路段可拼宽增设左转弯单独车道，如右转弯车辆较多可增设右转弯单独展宽车道，具体展宽长度参照规范。

2. 沿线接线接坡

沿线接线接坡结构应考虑耐久性，并与被交道路接顺，接线接坡长度可根据实际情况定，一般在 10 ~ 30 米左右，主线与接坡路基应衔接适顺。接线接坡路面主要类型：

（1）被交道路为等级公路，路面类型、结构原则上应与主线一致；

（2）被交道路为等外公路、村内道路、单位或居民接坡，路面为水泥混凝土的原则上仍维持原路面类型，路面为砂石的应硬化。

八、排水设施

（一）挖方路段排水边沟可采用以下几种形式：

1.C25 混凝土 L 型边沟：挖方路段为坚石，靠山侧可采用，混凝土现浇。

2.C25 混凝土矩型边沟：挖方路段为土质路基时，开挖基槽，设置混凝土矩型边沟，混凝土可现浇或预制。

3. 浆砌边沟：在石材充足、工期允许或景观需要的项目采用浆砌片块石边沟；原浆砌片石边沟基本完整，原则上总体利用为主，局部维修后统一浇筑混凝土压顶。

4. 山顶截水沟：可采用浆砌块石或混凝土现浇矩形边沟。

（二）填方路段路面一般通过横坡自然排水。

1. 公路两侧为填土种植绿化的路段，路基防护外侧设置 C25 混凝土 U 形预制边沟，预制边沟周边厚 15 厘米，沟顶净宽 30 厘米，深 30 厘米，汇水量大的预制边沟净宽与深度可适当加大；U 型预制边沟外侧墙高与绿化填土齐平，一定范围内统一高度。

2. 挡墙防护，遇道路两侧自然排水困难，原则采用在挡墙外侧设置纵向浆砌片石排水沟或现浇混凝土边沟。

（三）穿镇、村及集镇路段

1. 道路两侧设置侧石路段，排水系统按城市道路要求采用管道排水。

2. 道路周边建筑物及地平面略低于主路地段，排水系统采用带钢筋混凝土盖板的边沟，盖板要求能承受重车车轮荷载，采用角铁包边。板厚 15 厘米，板面开孔，直径 5 厘米，距沟边每侧 10 厘米，梅花形居中布置。

（四）特殊地段边沟、雨水管及雨水井等几何尺寸视现场情况经排水量计算后调整。

九、人　行　道

（一）穿镇、村及集市路段根据集镇规划及需求，设置人行道。人行道宽：一般穿村路段 2 米，穿镇路段 2～3.5 米，商业或公共场所集中路段 5 米；人行道铺装可采用青石板、彩色透水砖等铺面，青石板、彩色透水砖厚度宜采用 6～8 厘米。

（二）侧、平石均采用青石板

在有中央绿化带或机非隔离带路段，侧石高出路面 15～20 厘米，厚 15 厘米，每隔 30 米设 60（长）×30（宽）厘米装饰墩，装饰墩高出路面 30～40 厘米，圆头侧石采用三块型结构；平石宽 25 厘米，厚 12 厘米；侧平石单块长度为 1 米。

十、路　　灯

（一）县道主干线和主要县乡公路全线、一般县乡公路及普通乡村公路穿村、集镇、景区路段设置路灯，同时视建设条件配套设置供电箱变，路灯光源选择上应考虑节能减排需要，宜选择 LED、无极灯等先进光源结构，有条件地段可选用太阳能路灯。路灯后期视供电箱变设置情况移交至柯桥区路灯管理部门或道路沿线属地镇（街道、开发区）管理与养护。

（二）景区等有景观需要路段的路灯，灯杆、灯罩颜色宜选择棕色，灯型满足景观要求；其他路段的路灯颜色采用白杆蓝色灯罩，灯型应与周边环境相协调；二级公路及三、四级公路穿镇、村路段道路两侧防护压顶处设置单头悬臂路灯，三、四级公路断面窄两侧路灯可交叉布置，灯高 8 米；一级公路设置中间带的路段，路灯采用对称悬臂双头灯，灯高 10 米；设置人行道的路段：二级及二级以下公路路灯可采用双头悬臂高低型灯，高头灯高 9 米，低头灯高 7 米，设有中间带且行车道较宽的一级公路，因中间带已设双头悬臂灯，其人行道内侧设直杆单头灯，灯高 4 米；路灯底部应对基础螺栓进行水泥混凝土包封处理或人行道板铺装。

十一、景观、绿化

公路绿化应按照“因地制宜、见缝插绿、能林则林、能绿则绿”的原则，以种植高大乔木为主，适量配种灌木，充分利用现有的自然植被、树林及经济林带。公路绿色通道则应满足一定的高度、宽度、梯度、密度要求。

（一）总体布局

1. 高速公路和国省道干线公路：可采用乔、灌结合，原则上要求配置常绿树种，局部路段可采用草花搭配，合理配置主副林带，主林带树种应以高大乔木为主，副林带树种应选择乔木、亚乔木或灌木，实行针阔混交、常绿与落叶相互配置，保持四季常绿，形成立体复层的绿化带。

2. 城区周边、穿村镇路段、通往景区公路：可按城市道路绿化模式，绿化树种以乔木为主体，以书带草或草坪为衬托，以色、叶、形各类灌木、花卉点缀，形成公路园林化格局，适当地段可以借景造景，设置不同风格的园林小品和景点。

3. 一般平原公路：为便于后期养护，公路每侧栽植乔木 2～3 行，针叶与阔叶、常绿与落叶混交，也可采用经济树种，有条件的要实行乔、灌、花、草相结合。

4. 山区公路：重点要体现因地制宜、崇尚自然，以种植行道树为主，有条件位置增设小品；行道树品种选择应结合我区气候条件，优先考虑香榧、玉兰、桂花、香樟、枫香等乡土树种，如稽东镇可选择香榧、王坛镇可选择蜡梅等，形成地域特色带。

5. 高速公路出入口：高速公路出入口景观具有交通绿岛、绿化节点、城市门户景观的多重属性，绿化模式应注意防护功能与观赏性相结合，要同绿化带外侧毗邻的现有农田防护林、果树经济林、村屯绿化等建设相结合，做到防护、绿化、美化和谐统一。绿化植物的选择、配置充分考虑自然条件，做到因地制宜。运用植物色彩、模纹图案、小品设置等手法打造赋有地域特色视觉景观。

6. 山体复绿：山体复绿要与周边山体相协调，减少人工痕迹，种植野趣植物为主，对路基上边坡或路边应采取撒草、花籽等措施，力争做到山体边坡处处有野花的自然风貌。复绿之前，必须消除采矿活动诱发的崩塌、滑坡、泥石流等自然灾害的隐患，进行削坡、护坡工程，然后对裸露岩石面进行边坡防护复绿，可在 SNS 柔性网外再进行 TBS 防护。

（二）土方造型

公路绿化工程应合理利用两侧自然地形。原则上就地挖沟填土，避免大填大挖和土方远运。土方严禁采用淤泥回填。花灌木要求在种植土球周围有大于 50 厘米合格土层，乔木则要求在种植土球周围有大于 80 厘米的合格土层，中央绿化带土方边缘处应低于侧石边 5 厘米，两侧填土须低于路肩边缘 50 厘米。

（三）苗木选择

树种选择以常绿与落叶结合，速生、易成活、易管护、抗病害为原则，并有一定规格要求，注重前期种植效果。所有花草苗木必须经植物检疫，健康、新鲜、无病虫害、无缺乏矿物质症状，生长旺盛而不老化，树皮无损伤或虫眼。花灌木尽量选用容器苗，应保证移植根系完好，带好土球，包装结实牢靠。

1. 中间绿化带：选择耐高温、耐干旱瘠薄、耐修剪、生长较慢的植物，可适当种植开花期长的灌木。树木规格、种植间距及树冠形状应保证防眩效果，重要路口应布置鲜花。

2. 两侧退让带：植物应以常绿、乡土品种为主，并能突出当地文化氛围。植物不应遮挡标志标牌，标志标牌有效视距范围内以小乔木及灌木配置为宜，以确保视线通透。

3. 行道树：应选择适应当地气候、土壤条件、路域环境及便于管理、抗性较强的品种，枝下高大于 2.5 米。

（四）种植要求

1. 挖穴：穴的大小依土球规格及根系情况而定，带土球的应比土球大约 20 厘米，裸根苗的应保证根系充分舒展，坑的深度应比土球高度深 10～20 厘米。

2. 修剪：花草树木种植前需适当修剪，主要是为运输和减少水分损失等而进行的。种植后，应考虑植物造景以及植物基本形态重新进行修剪造型，去掉阴枝、病残枝等，并对剪口作处理。在种植季节，乔木叶片修剪率应控制在 1/3 以内；非种植季节，乔木叶片修剪率应控制在 1/2 以内，修剪后蓬径规格达到设计要求。

3. 种植：土球经初步覆土塞实后方可将土球包扎物自下而上小心解除。若土球有松碎时，下压的包扎物可剪断，不宜取出，随后继续填土，分层捣实，待填土达土球深度的 2/3 时，浇足第一次水。栽植可结合施用基肥，基肥应以腐熟有机肥料为主，也可施用复合肥，用量要适当。

4. 支撑：裸根苗木栽植常采用标杆式支架，带土球苗木常采用扁担式支架，大乔木应采用三角架或井字架，该支撑方式固定作用最好，且有良好的景观效果。一般胸径 5 ～ 8 厘米的小乔木及大灌木、毛竹等应采用扁担式木质支架，胸径 8 ～ 12 厘米的乔木应采用木质三角支架，胸径 12 厘米以上的乔木应采用木质或钢管井字支架，所有支架应统一油漆为绿色。

十二、候 车 亭

公交候车站应结合公交规划、沿线交通需求设置，按照“亭随路建”原则，同步设计、同步建设、同步验收。

（一）候车亭结构

1. 钢结构

主要在城区、景区及其他道路上采用。

2. 钢筋混凝土结构

主要在山区道路上采用。

（二）候车亭形式

1. 钢结构：一级公路采用港湾式，停车道宽度不小于 3 米（可利用硬路肩宽度），站台宽 2 米，长 16 米，进站渐变段长为 15 米，出站渐变段长为 20 米，候车亭采用长 10 米、宽 1.6 米、高 2.6 米；站台高 0.2 米；二级公路采用直接式（条件允许时采用港湾式），站台设在路基外或人行道内，宽 2 米，长 10 米，候车亭采用长 8 米，宽 1.6 米，高 2.6 米；三、四级公路采用直接式，站台设在路基外，宽 2 米，长 8 米，候车亭采用长 6 米，宽 1.6 米，高 2.6 米（集镇路段候车亭采用长 8 米）。

2. 钢筋混凝土结构：采用直接式，集镇及人流密集的站点采用 6 米长，宽 1.8 米，檐高 2.7 米；一般路段为 3.6 米长，宽 1.8 米，檐高 2.7 米；线路内个别站点受地形限制而设置困难时可相应缩小各部尺寸。

附件 E

柯桥区进一步加强公路车辆超限超载治理工作的意见

2014 年 11 月 25 日　　　　绍柯政办发〔2014〕141 号

为进一步加强我区公路车辆超限超载治理工作，根据《公路安全保护条例》和交通运输部、公安部等 6 部委《关于进一步加强车辆违法超限超载治理工作的通知》（交公路发〔2011〕577 号）等有关规定，经区政府同意，现提出如下意见：

一、工作目标

通过部门联动、综合治理，进一步加大源头管理和路面执法力度，坚持标本兼治，建立健全长效管理机制，规范运输车辆经营行为和日常管理，切实保障全区公路桥梁安全和公路交通安全，维护广大人民群众利益。

二、主要任务

实行源头管理和路面执法相结合，重点开展五个“严厉打击”：一是严厉打击货物集散地及货运站场违法装载行为；二是严厉打击非法改装、拼装车辆行为；三是严厉打击通过特大桥梁和病害桥梁的超限超载行为；四是严厉打击集团式超限运输行为；五是严厉打击治超执法中暴力抗法行为和黑恶势力。

三、工作措施

（一）加强组织领导，健全完善治超工作机制

调整完善区治理车辆超限超载工作领导小组，成立以分管副区长为组长，区政府办副主任、交通运输局局长、公安局副局长为副组长，相关成员单位分管领导为成员的领导小组，领导小组要加强牵头协调，每季度召开一次领导小组成员单位会议，研究、协调和部署全区治超工作。并将治超工作纳入年度工作目标责任制考核，实施治超责任追究制。下设办公室，简称“治超办”。办公室要调整充实人员，适当配备专职人员，进行集中办公，负责治超日常工作，制订治超有关工作制度和工作措施，定期召开治超工作会议，开展治超工作督查，协调治超职能部门，定期通报各部门相关监管和执法情况。

（二）加大源头管理，落实部门治超监管责任

1. 根据各相关职能部门治超工作职责，进一步落实治超源头管理责任。当前，重点抓实四方面源头管理工作：一是逐步规范货运市场，深入探索货运市场监管办法，注重货运市场调控管理；二是强化货物集散地以及货运站等场所的监管，扭转随意超限装载现象；三是严肃查处非法改装、拼装车辆行为，一经查实，强制恢复原状，并严把货运车辆牌照发放、年审等环节；四是探索科技在治超源头管理中的应用，加强治超非现场执法信息化。

2. 建立治超源头管理信息报送和通报机制。交通运输、城管、公安等部门在路面执法中查获超限超载的货运车辆后，必须查清车辆装载起运地的具体情况，并在执法文书中载明。抄告区治超办，由区治超办汇总以通报的形式抄告区政府及安监、国土、交通运输、城管、公安、建管等部门，各职能部门按照各自职责分工和规定从严从重处理。

3. 把超限超载纳入前置审查。公安交警部门在核发货运车辆检验合格标志、交通运政部门在办理货运车辆营运证审验时，应先行审查是否有超限超载违法记录，如发现有超限超载违法记录未处理的，应告知当事人先行到交通路政部门接受处理。对一年内超限超载违法记录 3 条以上的货运车辆，公安交警部门不得发放城区道路通行证，交通运政部门吊销车辆营运证，城管部门责令其所属运输建筑渣土（泥浆）单位停运，停运期间不予办理城市建筑垃圾处置许可。

（三）实行综合执法，建立专职联合治超队伍

整合部门执法力量，进行综合治理，成立由区交通运输、公安、城管等部门联合组成的常设机构“绍兴市柯桥区公路治超联合执法大队”（以下简称“执法大队”），专职负

责全区公路治超执法工作，依法查处车辆超限超载违法行为。治超执法大队受区治超办管理，从交通运输（路政、运政）、公安（交警）和城管等部门抽调正式具有行政执法资格的执法人员，同时以三部门名义共同向社会公开招聘协管（警）人员。治超执法大队筹建经费（开办费）和2015年日常工作经费（含协管、协警人员费用）由区交投集团全额保障；2016年起，每年日常工作经费列入年度财政预算，由区财政全额保障，治超罚没款全额上缴财政（国库）。

（四）推进科技治超，分步实施非现场执法监控体系

1. 建设治超卡点。按照“统一规划、分步实施、联合建网”的原则，在全区公路桥梁等关键节点和重要路段增设6个治超卡点，其中绍大线治超站和区公路处（杨绍线与杭金衢连接线交叉口）2个为固定卡点，绍甘线平水大道转盘、福漓线钱茅线路口、杨绍线“中国杨汛桥”三角转盘和柯海线迎宾路口等4个为临时卡点，加强现场执法力度。

2. 加快治超非现场执法试点工作。根据全市统一规划方案，分步在104国道、绍大线、柯海线、杭金衢连接线等重要路段新建治超非现场执法点，并安装一批电子称重和监控设备，利用电子监控等技术手段，对重点道路交通实行24小时实时监控，实现及时机动查处和事后追查的执法模式，扩大治超成果。

（五）强化督查考核，建立治超责任追究制度

区治超领导小组要按照治超工作计划和目标要求加强督促检查，制订详细的治超目标考核细则，对治超工作相关责任部门和治超执法大队进行年度目标考核，并将考核结果报告区政府，与部门工作目标完成情况挂钩。监察部门要制订具体的治超工作责任追究办法，在报经区政府同意后实施。对查获的超限超载车辆，通过倒查货物装载源头以及车辆非法改装（包括车辆年检年审）等各个环节，追究上述有关职能部门的直接责任人和主管负责人的责任。

（六）营造舆论氛围，形成社会治超工作合力

宣传部门要发挥宣传舆论的教育、引导和警示作用，组织开展多种形式的宣传报道。各治超职能部门要大力开展各种形式的治超宣传教育和现场咨询活动，更多地让全社会关注、重视和配合支持治超工作，共同努力营造安全、畅通的道路交通环境。

附件 F

柯桥区开展城乡环境整治提升专项行动的实施意见

2015 年 2 月 15 日　　　　　　　　　　　区委办〔2015〕18 号

城乡环境整治提升是一项重要的民生工程、实事工程。为优化城乡人居环境，全面实现城乡环境高标准上的常态化、精细化、长效化管理，经研究，在开展城乡环境集中整治月活动的基础上，决定在全区开展城乡环境整治提升专项行动，现提出如下实施意见：

一、指导思想

以科学发展观为指导，按照“突出重点、城乡统筹、点线结合”的工作原则和建设“三个柯桥”的工作要求，坚持拆违控违与布点置景并重、绿化亮化与洁化净化并举、空间理乱与地面整治联动，集镇、主要道路、主要河道、有条件的村居同步推进，综合开展拆违章、种树木、改立面、装路灯、砌围墙、做小品、治污水、理管线、保整洁“九大专项行动”，全面提升城乡人居环境，努力打造时尚柯桥、印象柯桥、幸福柯桥。

二、工作任务

全区 27 条主要道路沿线、18 条主要河道两岸、各镇（街道、开发区）集镇所在地、有条件的村（居）等重点区域全面开展、环境整治提升“九大专项行动”：

（一）拆违章。结合“无违建区”创建和“三改一拆”，全面开展重点区域违章搭建专项整治行动，集中清拆重要区域沿路沿河地段的违章建筑、乱搭乱建等。

（二）种树木。全面开展重点区域植树造林专项行动，提升重点区域沿线的绿化品质，对部分道路绿化进行缺株补植；推进鲜花进村入户工程。

（三）改立面。结合新型城镇化和“美丽乡村”建设，大力开展重点区域的立面改造，着力推进重点区域沿线的建筑物墙面刷白、拆除设置不符合规范的广告牌等。

（四）装路灯。大力开展重点区域亮化工程，推进集镇、中心村、主要道路等公共场所沿线的路灯安装。

（五）砌围墙。因地制宜做好堵疏结合文章，对重点区域沿线整治难度大的区域合理设置围墙隔离带或建设景观围墙。

（六）做小品。因地制宜、科学美观地在重点区域沿线建设小品或公园，完善人行道等基础设施。

（七）治污水。结合“五水共治”工作，加快产业集聚升级步伐，加快推进全区截污纳管进程，优化建设重点区域的污水收集系统。

（八）理管线。大力开展重点区域户外管线合并整理工作，加快推进重点区域沿线的管线整理、管网整治。

（九）保整洁。结合“洁净乡村”建设，切实加强城乡环境卫生管理，完善“三长制”管理机制，促进保洁工作常态化、精细化、长效化。

三、工作环节

城乡环境整治提升专项行动，时间为2015年2月1日—12月31日，主要包括三大环节：

（一）宣传发动。在2月底前，由区农办制定城乡环境整治提升专项行动方案，成立全区城乡环境整治提升专项行动领导小组及其办公室，组织召开全区城乡环境整治提升专项行动动员大会，并进行层层发动。

（二）全面实施。在2月底前，各责任部门围绕“拆违章、种树木、改立面、装路灯、砌围墙、做小品、治污水、理管线、保整洁”九个方面的主要任务，提出整治提升专项行动的工作方案、工作标准、工作要求，各镇（街道、开发区）结合实际负责实施。

（三）考核验收。城乡环境整治工作考核验收由城乡环境整治月度抽查考核和城乡环境整治提升专项行动年终综合验收两部分组成。

1.城乡环境整治月度抽查考核。主要考核城乡环境整治保整洁和高标准上的常态化管理情况，从三月份起实施。

2.城乡环境整治提升专项行动年终综合验收。着重考核城乡环境整治提升专项行动中

"拆违章、种树木、改立面、装路灯、砌围墙、做小品、治污水、理管线"的年度工作实绩。12月底前，各镇（街道、开发区）在开展自查自纠的基础上提出书面申请，并经区联系领导审核后报区领导小组办公室汇总。届时由领导小组办公室组织农办、环保局、建设局、规划分局、交通运输局、水电局、林业局、城管办、供电分局、电信分公司、中广有线等相关部门和单位人员，组成联合验收组进行验收（早于考核验收阶段完成整治提升任务的，可根据实际提前申报验收）。

四、工作要求

（一）高度重视，加强领导。为确保城乡环境整治提升专项行动顺利推进，成立区城乡环境整治提升专项行动领导小组，由区委书记、区长任组长，区委副书记任常务副组长，区委常委、宣传部长和区政府分管副区长任副组长，区有关部门和镇（街道、开发区）主要负责人为成员；领导小组下设办公室（设在区农办），办公室主任由区农办主任兼任。各镇（街道、开发区）也要相应成立领导小组，形成"上下联动、齐抓共管"的工作机制。

（二）明确任务，落实责任。区农办负责协调城乡环境卫生整治和月度抽查考核工作；区建设局负责重点区域的立面改造、路灯安装、围墙砌筑、管线整理的指导、协调、验收工作；区规划分局、区交通运输局、区水电局、区林业局、区城管办分别负责各重点区域的小品布点建设、主要道路沿线整治提升、主要河道两岸整治提升、绿化提档升级、控违拆违的指导、协调、验收工作；其他相关单位按照各自职责分工抓好指导、协调工作。各镇（街道、开发区）按属地原则，组织开展城乡环境整治提升各项行动。

（三）宣传发动，营造氛围。各镇（街道、开发区）、区有关部门要按照"突出重点、解决热点、突破难点、打造亮点"的思路，采取多种形式，全方位、多角度地宣传开展城乡环境整治提升的重要意义，大力宣传"三个柯桥"美好愿景，努力营造"整治为大家、大家抓整治"的良好工作氛围。区机关联系部门要积极参与环境整治，自觉按照"三长制"管理的工作要求，认真履行路长、河长、村居长巡查、协调与督查等工作职责。

（四）严格考核，明确奖惩。从三月份起，开展城乡环境整治提升月度抽查考核活动，月考成绩直接与镇（街道、开发区）和区机关部门岗位目标责任制考核挂钩。区抽查考核组要按照城乡环境高标准上的常态化要求，突出"治脏、治乱、治差"三大重点，坚持实地抽查“横向到边、纵向到底”；检查组人员要坚持原则、严格标准、公正评分，确保月度抽查考核活动取得实效。城乡环境整治提升专项行动所需经费按照事后定奖的原则，根据考核验收结果实行以奖代补。

附件 G

柯桥区关于加快推进公交事业优先发展的意见

2015 年 2 月 13 日　　　　　　　　　　　　　　绍柯政办发〔2015〕27 号

为深入贯彻公共交通优先发展战略，改善城乡居民公交出行环境，提供安全、便捷、舒适的公共交通服务，有效治理城市交通拥堵，现就加快推进我区公交事业优先发展提出如下意见：

一、发展目标

围绕建设“时尚柯桥、印象柯桥、幸福柯桥”总体目标，努力打造全国县（区）级一流公交。按照市、区公交一体化的要求和绍兴市创建公交优先示范城市的统一部署，完善公交发展规划，构建综合公交体系，实施政府购买公共服务的公交扶持政策，打响柯桥公交“服务优秀、发展优先”品牌。

实施公交提升三年计划，力争到 2017 年末，基本形成“跨区、城区、城乡、区域、特色”相结合的综合公交线网框架；建设一批公交枢纽站、首末站和候车亭，实现公交线网层次多元化、换乘衔接便捷化；公交出行分担率每年提升 1 个百分点；新能源公交车占比 80% 以上，车载智能设施安装率达 100%，万人公交车拥有量达到 12 标台，新能源出租车占比 100%；万人公共自行车拥有量 120 辆；公交车辆平均运行时速达到 20 公里以上，运行正点率 85% 以上；无人售票线路达到 100%，乘客满意度 85% 以上。

二、主要措施

（一）优化完善公交体系

1. 合理布局公交线网。采取“加、减、延、联”措施，逐步加密重点区域、重点路段的公交班次密度，适度减少重复线路、撤出易堵路段，延伸填补城乡公交“盲点”，互联互通旅游景区、轻纺市场及重要交通枢纽。强化主线、完善支线、优化环线，形成结构合理、干支协调、功能清晰、覆盖面广、换乘便捷的公交线网。

2. 积极发展特色公交。开辟旅游专线、轻纺市场商贸专线、定制通勤公交、镇（街道、开发区）二级公交、学生公交专线、柯杭、柯萧城际公交，增加夜间公交，试点镇（街道、开发区）区域出租汽车，形成功能齐全、形式多样的公交服务体系。

3. 构建综合公交体系。整合现有公交资源，理顺管理体制机制，形成高铁、地铁、公路客运、城乡公交、出租汽车、公共自行车等公共交通出行方式相互衔接、换乘便捷的综合公交运输体系。

（二）加快基础设施建设

4. 合理规划建设公交站场。建成启用新客运中心、平水、滨海、柯南等公交站场，规划新建兰亭、福全、漓渚等公交场站和柯桥城区 3～4 个公交首末站，实现各镇（街道、开发区）公交站场全覆盖。新建大型商住社区、大型公建设施及文化旅游项目等必须配建公交首末站，探索利用城市地下空间和立体停车场建设公交场站设施，有条件的利用政府性储备土地建设临时公交场站。公交站场原则上不得对外出租另作他用，现有站场已经出租的应予以收回。

5. 加快新能源配套设施建设。建成启用新客运中心油气站，加快新建平水、滨海公交站内油气站，规划新建 2～3 个城区加气站，三年内实现柯桥城区四周均设置大型油气站。城区公交场站有条件的均应配建充电桩。

6. 健全候车亭建管养体制。按照“亭随路建”原则，新建道路必须同步建设（改造）公交候车亭，每年新建（改造）公交候车亭 200 个；全区公交候车亭按照城区、山区、风景区、其他地区等四种类型，统一规范外观式样，统一管理养护责任主体。

7. 推进智慧公交建设。加快公交信息化、智能化建设步伐，三年内车载 GPS、3G 视频监控等智能设施安装率达 100%；分期建成区级综合交通信息指挥中心，建立公交智能调度系统和管理平台，实现智能统计、动态监控、高效监管。

8. 保障公交优先出行。在城区拥堵路段、单向行驶路段探索公交专用道规划建设，保障公交通行优先和信号优先，促进公交提速和城市治堵工作。

（三）加快车辆提档升级

9. 推进绿色公交出行。两年内更新（新增）气电、油电等混合动力新能源公交车 350 辆以上，实现柯桥城区 100% 新能源公交车，全区新能源公交车占比 80% 以上；三年内更新（新增）油气、纯电等新能源出租车 200 辆，新能源出租车比例达 100%；三年内城区公共自行车增加投放 2500 辆，总数达到 8000 辆，实现柯桥城区 500 米范围内全覆盖。

（四）提升公交服务品质

10. 加大公交惠民力度。继续实施老年人优待政策和学生卡 4 折优惠、残疾人及军人减免票等惠民措施，完善公交换乘优惠措施，及时有效提供公众出行信息，积极推进公交 IC 卡、公共自行车卡等“一卡通”工作。

11. 努力提升公交形象。加快无人售票车改造，三年内公交无人售票线路达到 100%；统一规范公交车身外观和车辆标志标识，严格控制公交车身广告，新车启用后三年内不得设置车身广告，设置广告车辆数占比不得超过 10%；从业人员应统一持证上岗，逐步统一从业人员着装，培育有柯桥特色的公交文化，不断提升群众满意度，第三方测评群众满意度达到 85% 以上。

12. 加强出租车行业管理。2015 年建成启用出租汽车服务中心，打造出租汽车综合性服务平台，提高出租车从业人员的职业素养，促进出租汽车规范管理。

三、相关政策

（一）实施政府购买公交服务的政策。根据区属国有公交企业实际运营成本和服务质量（安全）考核结果等情况，作为政府购买公交服务的依据。

（二）公交枢纽站场、首末站、信息化建设等基础设施项目列入政府性投资项目计划，优先给予安排建设用地。

（三）建立出租汽车行业综合服务专项资金。每年在出租汽车有偿使用费中安排 200 万元，专项用于出租汽车单车服务质量考核奖励、“电召”服务平台保障及出租汽车服务中心运行保障。

（四）继续实施柯杭城际公交每年 120 万元专项补贴（暂定三年）。

（五）改善公交从业人员工作、休息、就餐、住宿等保障，建立健全职工工资正常增长机制。

四、组织管理

（一）加强组织领导。区政府成立推进公交事业优先发展领导小组，由区政府主要领导任组长，分管领导任副组长，区政府办、发改局、公安局、财政（地税）局、国土分局、建设局、规划分局、交通运输局、审计局、安监局、城管办、国资办、交投集团等单位负责人为成员。领导小组下设办公室，办公室设在区交通运输局。

（二）建立政府购买公交服务和公交服务质量（安全）的考核机制。由区交通运输局牵头，会同发改局、公安局、财政（地税）局、审计局、安监局、城管办、国资办等部门（单位），制定实施办法并组织实施，并于次年 4 月 1 日前将资金支付到位。

（三）将公交服务质量（安全）考核结果纳入区交投集团管理层绩效考核体系。具体由区国资办牵头，会同区交通运输局制定考核办法。